I0482256

LEAN STARTUP
Todo lo que debes saber

ANTONIO L. FLORES

LEAN STARTUP, TODO LO QUE DEBES SABER

© 2016 Antonio L. Flores

Todos los derechos reservados. Cualquier forma de reproducción, distribución, comunicación pública o transformación de esta obra solo puede ser realizada con la autorización de sus titulares, salvo excepción prevista por la ley.

Por favor escriba a aflores@ieee.org para solicitar permiso para escanear, fotocopiar o reproducir cualquier fragmento de este libro.

© 2016 Capitol Publishers, LLC
ISBN: 978-1533520043
Impreso en Estados Unidos

A ti, que lees este tipo de libros.

A Ana.

SOBRE EL AUTOR

Antonio L. Flores nació el 24 de mayo de 1977. En 2001 se graduó como Ingeniero Superior de Telecomunicación y, en 2003, como Ingeniero Superior en Electrónica.

En 2009 obtuvo su Master en Comercio Internacional por ISEAD y, en 2013, su MBA por IESE Business School, que incluía estancias en Madrid, Barcelona, Shanghai y Nueva York.

Ha fundado tres startups tecnológicas y ha participado en numerosos eventos relacionados con startups y emprendedores. Ha colaborado con varios emprendedores en el enfoque, realización y defensa de su plan de negocio ante inversores y ha obtenido algunos premios por su trabajo.

Añadió el francés y el alemán a su inglés y español a los catorce años y, en 2015, el japonés. Ha estado toda su vida a la última de las nuevas tecnologías y es el autor de otros cuatro libros relacionados con tecnología y un libro con la traducción y significado del Tao. También es autor de más de 50 artículos sobre tecnología. Flores es colaborador de varias instituciones y asociaciones de tecnología y es *Senior Member* del IEEE desde 2012, la mayor asociación de ingenieros del mundo.

ANTONIO L. FLORES

1 INTRODUCCIÓN

LEAN STARTUP es un concepto acuñado por Eric Ries, emprendedor y autor del libro *The Lean Startup: How Today's Entrepreneurs Use Continous Innovation to Create Radically Successful Business.*

Expresándolo con ideas sencillas, se trata de realizar el plan de negocio para una *startup* huyendo de la idea de proyecto de diseño de una nave espacial, donde todo debe estar calculado y previsto al milímetro. En su lugar, se adopta el estilo con el que se conduce un coche, conociendo las palancas que permiten reaccionar a la gran cantidad de imprevistos que encontraremos desde el principio hasta el final.

Es una forma de abordar el lanzamiento de nuevos negocios y productos basado en el **aprendizaje validado**, la **experimentación científica** y la **iteración** para lanzar nuevas versiones del producto, con el fin de acortar los ciclos de desarrollo, medir el progreso y conseguir realimentación de los clientes. Esta forma de acometer nuevos proyectos ofrece además la posibilidad de emprender nuevas iniciativas sin necesidad de grandes sumas de financiación inicial o gastos de lanzamiento de un producto. En definitiva, LEAN STARTUP es la aplicación del método *lean manufacturing* inventado por Toyota al proceso de innovación en una empresa.

La metodología LEAN STARTUP parte de ideas ya existentes en la dirección de empresas y desarrollo de productos, que van desde el *lean manufacturing*, el *design thinking*, *customer development* y el *agile development*. La idea que subyace en todo momento es la **innovación constante**. El triunfo de esta metodología se debe en gran medida a la gran cantidad de cambios que está sufriendo la sociedad actual, que generan nuevos retos para las empresas, sobre todo para las nuevas aventuras empresariales. La **incertidumbre** es máxima y el **tiempo** para realizar pruebas, demasiado limitado como para aplicar los métodos tradicionales.

1.1 Qué es una startup

A pesar de que la palabra *startup* es profusamente utilizada, para comprender el sentido del método LEAN STARTUP, es necesario que el concepto esté bien definido. Una *startup* es una organización concebida para crear un nuevo producto o servicio en condiciones de extrema incertidumbre. Así pues, no es necesario que tenga la forma jurídica de empresa de nueva creación; puede ser una ONG, un departamento de una gran organización o un grupo de trabajo en la administración pública. Tampoco se dice nada sobre el tamaño de la organización ni el sector.

Una *startup* sí necesita, en cambio, una **idea** clara y precisa, un **inversor** con capacidad de cubrir sus necesidades de financiación y un **equipo** cualificado e integrado.

Para que una *startup* tenga éxito es muy importante conocer cuáles de sus actividades generan valor y cuáles suponen un malgasto de recursos. ¿Qué productos quieren realmente los clientes? ¿Qué variables harán crecer el negocio? ¿A qué clientes hay que escuchar y a cuáles ignorar? Para que una *startup* tenga éxito se debe tener una respuesta clara y precisa para cada una de estas preguntas lo antes posible.

No se debe perder de vista que todos los clientes de una *startup* son **early adopters**, es decir, están dispuestos a adquirir un producto poco maduro en el mercado por un motivo diferente a aquellos clientes que buscan garantía y seguridad. Los *early adopters* tienden a ser más indulgentes con los fallos en el producto y suelen estar más dispuestos a dar *feedback*.

1.2 Sostenibilidad de una startup

El objetivo último de una *startup* es saber qué es lo que hay que producir tan rápido como sea posible. En esta línea, el método LEAN STARTUP hace foco en la rapidez de las iteraciones en los procesos, el aporte de conocimiento del cliente, una visión global y objetivos ambiciosos. La velocidad produce, además, otro beneficio: la organización mantiene a lo largo del tiempo su ADN emprendedor.

Como resultado de la gran incertidumbre a la que se enfrenta, el cambio es constante e inevitable dentro de una *startup*. Éste puede clasificarse en tres niveles, como muestra la figura 1. Los cambios en el producto son los más frecuentes, como resultados de la optimización, mientras que los cambios en la estrategia son bastante menos frecuentes y se acometen mediante la técnica de **pivotar**, que será explicada más adelante. Por último, la visión raramente cambia, puesto que implicaría un cambio total del negocio.

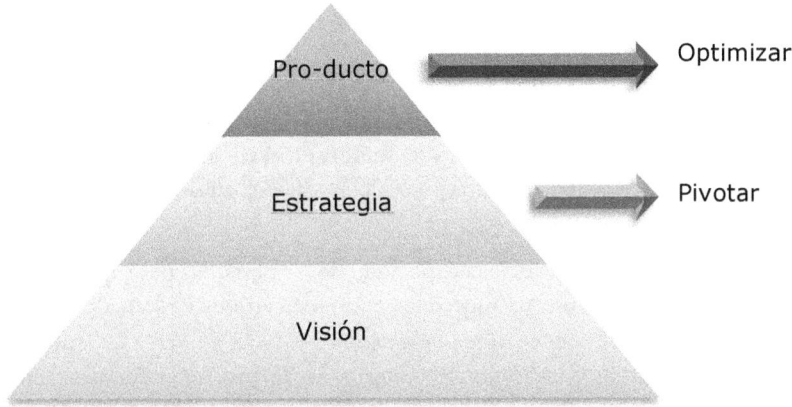

Figura 1. Niveles de cambio en una startup y sus implicaciones

Para que una *startup* sea sostenible, debe descansar sobre dos principios básicos: el modelo de ingresos y el motor de crecimiento.

1.2.1   El modelo de ingresos

El modelo de ingresos de una *startup* procede de la denominada **hipótesis de valor**. La hipótesis de valor comprueba si un producto o servicio efectivamente tiene valor para los clientes, y procede del *salto de fe* que un emprendedor da cuando idea un nuevo producto o servicio.

1.2.2   El motor de crecimiento

El motor de crecimiento se basa en la **hipótesis de crecimiento**, que establece cómo los nuevos clientes descubrirán el producto o servicio y se atraerá a nuevos clientes.

1.3 El método Toyota

El método *lean manufacturing*, también denominado *método Toyota*, fue creado por los ingenieros de Toyota Taiichi Ohno y Shigeo Shingo para incrementar la productividad de la cadena de fabricación de vehículos en esta empresa japonesa. Se basa en aprovechar al máximo la **capacidad** y el **conocimiento** de todos los operarios que intervienen a lo largo del proceso de fabricación, **reducir el tamaño de los lotes** de fabricación, la producción *just in time*, o con stock mínimo, y la **aceleración de los tiempos de ciclo**, es decir, el tiempo total que una pieza o parte del automóvil tarda en ser producida.

El método Toyota parte de la capacidad de las personas para aportar valor en el trabajo, más allá de sus funciones rutinarias en una cadena de montaje. De hecho, utiliza el concepto *genchi gembutsu* (現地現物), o "ve y míralo tú mismo". Por ejemplo, todos los ingenieros de Toyota se encuentran en un área elevada y con ventanas hacia la fábrica, de manera que pueden ver constantemente cómo se están fabricando sus diseños y bajar de inmediato para resolver cualquier incidencia.

La aplicación de este método da como resultado una reducción importante en la cantidad de **deshechos** y piezas defectuosas fabricadas, la capacidad de reaccionar con **agilidad** a cambios en el diseño y en la estrategia de fabricación y la optimización de **utilización** de los recursos en toda la organización.

1.3.1   Taiichi Ohno Vs. Frederick Winslow Taylor

El método *lean manufacturing* ideado por el japonés Taiichi Ohno contradice algunas prácticas muy comunes en la industria, procedentes del método ideado por el estadounidense Frederick Winslow Taylor, denominado *taylorismo*, donde lo importante es la medición cronométrica de los tiempos que se tarda en realizar cada tarea y la asignación de personas a tareas con los mismos criterios que se asigna un recurso material, sin tener en cuenta el factor humano. Por ejemplo, según Taylor lo importante es incrementar el tamaño de los lotes que se procesan para aumentar la eficiencia. Por ejemplo, si hay que hornear galletas, mejor tener un gran horno donde entren cientos de ellas en lote para hacerlo en menos tiempo que si entraran en pequeñas bandejas. El método Toyota, en cambio, establece que para cada tarea hay un **tamaño de lote mínimo óptimo**. En el ejemplo anterior, si las galletas deben bañarse posteriormente en chocolate y hay que esperar a que se enfríen, todo el tiempo ahorrado en el horno se perdería en la siguiente fase esperando a que se enfríe todo el lote para poder verter el chocolate. Si hubieran ido saliendo en bandejas pequeñas, se tendrían bastantes galletas listas en un corto tiempo. Esto sin contar la diferencia en la cantidad de desperdicios que se habrían formado en el caso de que el horno se hubiera puesto a una temperatura incorrecta y hubiera sido necesario tirar una hornada completa.

Mientras el taylorismo defiende conseguir la máxima eficiencia en *cada recurso*, mediante la especialización, el trabajo repetitivo y la reducción de interrupciones, el método *lean manufacturing* se basa en la moderna teoría de sistemas, que establece que optimizar una parte de un sistema implica empeorar de alguna manera el resto de partes del sistema. De hecho, el taylorismo conduce a incrementar el tamaño del lote indefinidamente –el denominado efecto es*piral de la muerte del lote grande*–, lo que produce retrasos en la cadena de producción, pues mientras una máquina o recurso se encuentra produciendo un lote muy grande, es posible que el siguiente se encuentre en espera, desperdiciando su tiempo.

1.3.2 Kanban

Kanban es una palabra japonesa (看板) que significa "tablero visual". Consiste en un tablero con una zona para cada estado posible de una tarea. En el caso del diseño de productos para una *startup*, definiremos cuatro:

- ✓ En cola de espera (*backlog*)
- ✓ En construcción
- ✓ Construido (desde el punto de vista técnico)
- ✓ En proceso de validación

Cada estado tiene una determinada capacidad de producción (su área), y las tareas son fichas magnéticas o post-it que van pasando de una zona a otra, según el proyecto evolucione. Si una tarea se acaba pero no hay espacio para pasarla al estado siguiente, se le añade a un lado una ficha con una flecha, indicando que está en cola de espera.

El *kanban* tiene dos propiedades importantes: permite visualizar rápidamente la carga de trabajo de cada equipo de producción y aplicar restricciones a la capacidad que se destina a cada función. Es un elemento imprescindible para aplicar el método *lean manufacturing*.

2 QUÉ ES LEAN STARTUP

LEAN STARTUP adapta el método *lean manufacturing* al desarrollo de las tareas propias de una *startup*. Utiliza como medida de progreso el concepto denominado **aprendizaje validado**. Éste proporciona un método para medir el progreso en un contexto de alta incertidumbre, indicando:

- Cuándo conviene invertir en mejorar los procesos, formulando, planificando y creando infraestructuras.

- Cuándo ir en solitario y cuándo con *partners*.

- En qué medida se debe reaccionar al *feedback* recibido y cuándo mantenerse firme en la visión.

- Cómo y cuándo es el momento de invertir en expandir el negocio.

Sin embargo, a diferencia del *lean manufacturing*, donde al cliente no le importa cómo se ha ensamblado el producto, sino si funciona bien o no, en una *startup* no se conoce de antemano **quién es el cliente** ni, por lo tanto, qué va a opinar sobre la funcionalidad del producto. En consecuencia, en una *startup* hay que definir el valor de un producto en base a otros parámetros.

El método LEAN STARTUP consigue una elevada eficiencia del capital en las empresas, porque ofrece mecanismos para cambiar su estrategia (pivotar) con rapidez, reduciendo las pérdidas de tiempo y económicas.

2.1 Principios básicos

La filosofía LEAN STARTUP se fundamenta en cinco pilares:

- **Los emprendedores están en todas partes.** El concepto de emprendedor incluye a cualquiera cuyo trabajo requiera crear nuevos productos y servicios bajo condiciones de gran incertidumbre. Por ello, LEAN STARTUP puede funcionar en organizaciones de cualquier tamaño, sector e industria.

- **Emprender es dirigir.** Una *startup* es una institución, no solo un producto, y requiere un nuevo tipo de dirección enfocado especialmente a su contexto de extrema incertidumbre.

- **Aprendizaje validado.** Las *startups* no existen solamente para hacer cosas, ganar dinero y servir a clientes. Son creadas para aprender cómo conseguir que el negocio sea **sostenible**. Este aprendizaje puede ser validado científicamente mediante la puesta en práctica de experimentos con cierta frecuencia, que permiten a los emprendedores comprobar cada elemento de la visión del negocio.

- **Construir-medir-aprender.** Las actividades principales de una *startup* son convertir ideas en productos, medir cómo responden los clientes y decidir si conviene hacer cambios o mantener la estrategia. Todos los procesos en una *startup* de éxito deberían enfocarse a **acelerar** este bucle.

- **Contabilidad de la innovación.** Para mejorar los resultados y cuantificar la innovación es necesario enfocarse en cómo medir el progreso, establecer hitos y priorizar el trabajo. Todo esto requiere un nuevo tipo de contabilidad diseñada para las *startups* y el tipo de personas que trabajan en ellas.

2.2 Fases de desarrollo

En la figura 2 están representadas las tres últimas ideas de la lista anterior, formando un bucle. En este bucle, es prioritario concentrar la energía en minimizar el tiempo total del ciclo. Al igual que ocurre en *lean manufacturing*, aprender dónde y cuándo invertir la energía conduce a un ahorro de tiempo y dinero.

Una vez está clara la hipótesis de valor, el primer paso es entrar en la fase de **crear** tan pronto como sea posible, con un **producto viable mínimo** (MVP, de sus siglas en inglés).

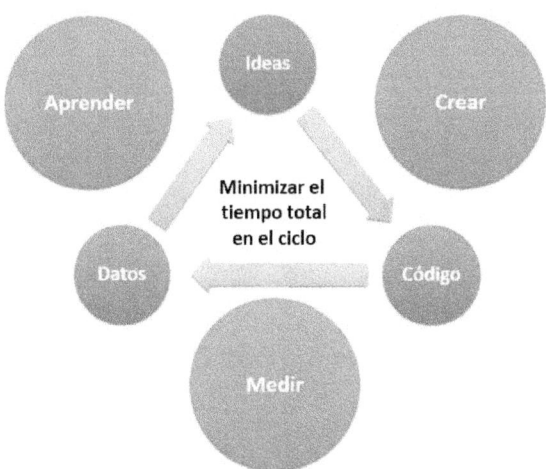

Figura 2. Bucle esencial del método LEAN STARTUP

Una vez completado el ciclo *crear-medir-aprender*, el emprendedor debe afrontar la pregunta más difícil: si cambiar la estrategia original o continuar.

Aunque el ciclo se plantea en un sentido, en realidad se construye en el contrario: primero se decide qué se necesita aprender, se continúa proponiendo el sistema que permita medir si se está consiguiendo el aprendizaje validado deseado y por último se crea el producto viable mínimo.

3 LAS BASES DE LEAN STARTUP

Para adoptar el método, es necesario implementar cuatro técnicas de manera sistemática en la organización:

- Introducir cualquier producto o servicio mediante un experimento viable mínimo (MVP)

- Desarrollar un sistema de contabilidad de la innovación preciso

- Establecer políticas para pivotar

- Definir y supervisar regularmente el motor de crecimiento

3.1 El experimento viable mínimo

Cuando se plantean nuevas mejoras a un producto o servicio, surgen preguntas del tipo: ¿Qué opiniones de clientes deberíamos escuchar? ¿Cómo priorizar entre todas las mejoras que queremos implementar? ¿Qué mejoras son esenciales para que el producto tenga éxito y cuáles no? ¿Qué se puede cambiar sin problemas y qué cambios pueden molestar al cliente? ¿Qué cosas podrían gustar al cliente actual a costa de espantar al futuro cliente?

Para contestarlas, se pueden dar algunas recomendaciones:

- Piensa en grande y empieza por lo pequeño

- Para cambios a largo plazo experimenta inmediatamente

- Divide el problema en trozos

El MVP es una manera para comprobar hipótesis con rigurosidad de manera inmediata. Un MVP es una versión del producto que permite recorrer el ciclo completo *crear-medir-aprender* con el **mínimo esfuerzo** y el **menor tiempo** de desarrollo posible. Sin embargo, exige un trabajo extra: **medir su impacto**.

Un MVP no es necesariamente el producto más sencillo imaginable, sino aquel que permite recorrer el ciclo completo *crear-medir-aprender* invirtiendo los mínimos recursos de tiempo y dinero.

El MVP no tiene que ser un producto de gran calidad. Al contrario de lo que mucha gente piensa, cuando se lanza un negocio o una idea nueva, los clientes potenciales no son el mercado masivo, sino solo aquellos con perfil de *early adopters*. Esto implica que, a cambio de la novedad del producto, estarán dispuestos a permitir determinados fallos de calidad, y esto no dañará en absoluto la imagen de la marca o la empresa. Cualquier característica del producto innecesaria para un *early adopter* es un desperdicio de recursos. De hecho, ocurre el fenómeno inverso: un producto tan perfeccionado que pudiera venderse masivamente en cualquier tienda o gran almacén, pierde su atractivo como producto exclusivo y experimental para un early adopter. Es más, en una *startup* ni siquiera se conoce a priori el perfil del cliente, por lo tanto, es imposible saber qué significa *calidad* para él.

Un MVP puede lanzarse al mercado de cinco formas:

- **Señales de humo**: consiste en lanzar un producto que aún no existe, para observar la reacción de los clientes. Aunque esto no es posible en todos los casos, en aquellos en los que sí, permite conocer si el producto consigue ofrecer valor a algún tipo de cliente con unas inversiones de tiempo y dinero mínimas, además de la posibilidad de crear el verdadero producto mucho más adaptado al perfil de cliente objetivo.

- **Testado A/B**: consiste en dividir el target de clientes en dos y aplicar una nueva característica del producto o estrategia de marketing solo a una de las partes, para comprobar su eficacia respecto a la modalidad anterior.

- **Vídeo explicativo**: no se fabrica el MVP, sino que se difunde un breve vídeo, de no más de tres minutos, entre el mercado objetivo. Aunque esta opción puede representar un ahorro de costes importante en fabricación, es necesario tener un mercado propenso a ver este tipo de vídeos y poder llegar a él fácilmente.

- **Técnica del conserje**: aunque el producto se conciba para funcionar de manera automatizada, inicialmente todos los procesos se realizan de manera manual. Es aplicable cuando se requiere una elevada inversión para industrializar o automatizar la producción y se quiere verificar la aceptación del producto o servicio antes de acometerla. La empresa americana *Food on the Table* comenzó de esta manera, ofreciendo un servicio de sugerencia de lista de la compra según la dieta y gustos del cliente, enlazado a un servicio de compra online de los productos en los establecimientos más cercanos. La ventaja de que fueran personas y no algoritmos los que realizaran todo el proceso les permitió detectar hacia dónde dirigir el producto, dónde invertir y dónde no, y conseguir un ritmo de aprendizaje y validación del modelo de negocio mucho mayor.

- **Mago de Oz**: es parecida, y consiste en hacer creer al cliente que está tratando con un servicio automático, cuando en realidad el proceso se realiza de manera manual. Este modelo, que es a priori sumamente ineficiente, ayuda a concentrar los esfuerzos en validar si el producto es demandado durante una primera fase, en lugar de dedicarlos a complejos desarrollos de ingeniería.

Para conseguir el MVP hay que eliminar todo el esfuerzo que no vaya estrictamente orientado a aprender qué quieren los clientes. La gran ventaja es que, a diferencia de las técnicas tradicionales de diseño de producto, basadas en planificación estratégica e investigación de mercado, este producto se lanza en base a la **realimentación real** de clientes, en vez de suposiciones sobre lo que podría funcionar.

La mejor forma de definir un MVP es hacerse estas cuatro preguntas:

- ¿Son conscientes los clientes de que tienen el problema que estás tratando de resolver?
- Si hubiera una solución, ¿pagarían por ella?
- ¿Nos la comprarían a nosotros?
- ¿Podemos construir una solución para ese problema?

Si la respuesta a todas las preguntas es afirmativa, el siguiente paso es crear un plan para construir el MVP, identificando aquellos elementos que no son datos, sino suposiciones, y proponiendo formas para verificarlos.

Aunque un MVP realmente ofrece solo información parcial sobre el comportamiento del producto en el mercado, ésta siempre será mucho más precisa que un estudio de mercado tradicional. Estos tienen utilidad en un entorno estable y conocido, y éste no es el caso de una *startup*.

3.1.1 Riesgos de un MVP

A pesar de las bondades de un MVP, una compañía asume determinados riesgos al lanzarlo:

- **Cuestiones legales**: si el producto se debe proteger por patentes, esto ralentizará y complicará el proceso, además de lanzar la cuenta atrás de protección de la patente. Si se requieren trámites administrativos, hay que evaluar el riesgo de lanzar con rapidez y enfrentarse a una posible sanción o esperar las correspondientes autorizaciones a cambio de un lanzamiento tardío.

- **Reacción de la competencia**: frente al habitual temor a que alguien de la competencia copie la idea, es importante recordar que una parte increíblemente difícil del reto de una *startup* es que su idea, marca o producto sean conocidos por alguien. De hecho, si la competencia puede copiar la idea en menos tiempo, esa *startup* está avocada al fracaso, y es mejor conocerlo cuanto antes.

- **Imagen de marca**: si ya existe una imagen de marca consolidada, lo mejor para minimizar este riesgo es lanzar el MVP bajo una marca diferente.

- **Impacto en la moral del equipo**: un fracaso del MVP podría minar la moral del equipo que trabaja en su desarrollo. Por ello es necesario un gran líder y una metodología clara de trabajo, que permita subsanar fallos y adaptar el producto hasta hacerlo exitoso.

3.1.2 *Reclutar* al cliente

Una *startup* se enfrenta a una dificultad enorme cuando lanza su producto o servicio al mercado: la incertidumbre en el comportamiento de los clientes. Es muy frecuente que una idea se transforma en producto con la convicción de que el mercado la va a demandar masivamente y, al salir a la venta, no capta ni un solo cliente.

Uno de los peligros asociados a nuevos productos es que éste se ubique en una categoría que no exista en la mente del consumidor. Crear esa categoría requiere un gran esfuerzo y, aunque la recompensa puede ser importante si se consigue copar esa nueva categoría, hay que evaluar bien los recursos necesarios para cambiar la mente del consumidor.

Otro peligro es pensar que, en el caso en que sea necesario para el éxito de un servicio, el **fenómeno de red** –que existan numerosos usuarios para que el servicio resulte útil– va a producirse fortuitamente. Si Facebook tuviera un solo usuario no serviría absolutamente para nada. En este tipo de productos o servicios es necesario utilizar una estrategia radicalmente diferente para captar los primeros clientes que para los posteriores.

En ocasiones se hacen suposiciones sobre el cliente basadas en prejuicios. Por ejemplo, se puede dar por hecho que los usuarios de telefonía móvil prefieren un terminal cuanto más pequeño mejor y, sin embargo, alguien saca al mercado un terminal con una gran pantalla táctil de mayor tamaño que cualquier otro y atrae masivamente a los usuarios.

Para todas estas cuestiones, es esencial alinear la estrategia y los procesos de la *startup* para que el *feedback* del cliente sea tenido muy en cuenta. Es necesario *reclutar* al cliente.

3.2 Contabilidad de la innovación

Tras lanzar el MVP, el siguiente paso consiste en registrar cómo responde el mercado. Para ello, una de las claves es mantener un compromiso de iteración. Esto implica cerrar el ciclo crear-medir-aprender y dar vueltas en él a la mayor velocidad posible.

La contabilidad de la innovación es un proceso sistemático por el que se comprueba si se está registrando progreso en lo relativo al **aprendizaje validado**. El aprendizaje validado es conocimiento que adquieren los desarrolladores de un producto o servicio, que es utilizado posteriormente para introducir mejoras o desarrollar nuevos productos dentro de la organización. Es independiente de las cifras de ventas y otros parámetros del negocio, y se centra en las capacidades del equipo para producir un producto capaz de atraer cada vez más al cliente y generar beneficio **sostenible** en el largo plazo para la compañía.

3.2.1 Medir

Una *startup* debe medir con rigurosidad dónde está y llevar a cabo experimentos para aprender cómo evolucionar hacia el escenario ideal descrito en su plan de negocio. En este entorno, el mito de la perseverancia es extremadamente peligroso.

Sin embargo, las *startups* son tan cambiantes que hacer previsiones e hitos al modo tradicional es una pérdida de tiempo. Además, las variables que se utilizan para establecer estos modelos tradicionales pueden dar información errónea a una *startup*. Por ejemplo, el número de clientes puede crecer constantemente por el simple hecho de estar partiendo de cero, sin saber si es porque el producto cubre realmente la necesidad pensada en el plan de negocio o simplemente por la novedad. Por este motivo, el método LEAN STARTUP se centra en la contabilidad de la innovación.

Para realizar contabilidad de la innovación hay que transformar la hipótesis del modelo de negocio en un **modelo financiero**, es decir, conocer de dónde provienen los ingresos, qué palancas de inversión producirán más ingresos, qué gastos hay que afrontar, etc. Este modelo debe ser capaz de reflejar cómo está funcionando el **motor de crecimiento** del negocio. Como en cualquier modelo, lo primero es centrarse en analizar las **variables más sensibles**, es decir, aquéllas que producen mayores cambios en el resultado final cuando se desvían un poco de su valor esperado.

Por otra parte, es muy importante verificar que las variables que se están midiendo son las adecuadas, sobre todo en aquellas empresas donde el motor de crecimiento funciona muy bien. No tiene sentido que, por el mero hecho de que el producto esté comportándose bien en el mercado, se tomen decisiones a futuro basadas en métricas incorrectas; la catástrofe se producirá antes o después.

3.2.1.1 Cohortes

Una de las técnicas más utilizadas para medir es dividir el conjunto de clientes en dos o más grupos y aplicar un experimento o MVP diferente para cada uno de ellos. Esta técnica se denomina test A/B en el marketing tradicional, y en LEAN STARTUP se aplica directamente al diseño y desarrollo del producto en sí.

Medir parámetros incorrectos puede tener consecuencias muy negativas para el negocio. Suele ocurrir porque se seleccionan métricas que lanzan datos inmediatamente pero que no guardan relación con el éxito del negocio. Un ejemplo típico es considerar el número de usuarios registrados en una web o la cifra de ventas de un artículo a distribuidores, cuando estas métricas no guardan relación con la facturación real que se va a obtener del producto o servicio. Es preferible seleccionar las métricas correctas, aun cuando permanezcan a cero durante un período de tiempo inicial, antes que guiarse por métricas incorrectas. Guiarse por un parámetro equivocado produce el efecto de retrasar cualquier acción hasta que no se consiguen datos suficientes para corroborarla. Este retraso provoca trabajo inútil, reducción de la velocidad del ciclo y un aumento considerable del riesgo de producir algo que nadie esté dispuesto a comprar.

3.2.2 Evaluar

Es muy importante evaluar los resultados adecuadamente. En el modelo tradicional, cuando un resultado se desvía del valor esperado, se trabaja para reconducirlo hacia ese valor. Esta forma de trabajar tiene consecuencias muy negativas en una *startup*, ya que tiende a incorporar muchos añadidos a cada fase del proceso, a fin de conseguir la perfección y ralentizan el ciclo.

La contabilidad de la innovación actúa de manera diferente: si las desviaciones son leves, se proponen leves mejoras para **observar** si el resultado mejora o empeora. Si las desviaciones son fuertes, se debe **pivotar**; el producto no funciona tal como está pensado.

En este sentido, la rigurosidad en la evaluación es crucial. De hecho, un equipo que lleve a cabo una evaluación de manera disciplinada, aunque aplique una metodología errónea, será capaz de resolver errores y evolucionar a la velocidad adecuada.

3.2.3 Las tres aes

Las métricas tienen que cumplir tres criterios fundamentales, *las tres aes*: accionables, accesibles, auditables.

- **Accionables**: tiene que existir una relación demostrada causa-efecto.

- **Accesibles**: los informes tienen que ser muy visuales y fáciles de comprender.

- **Auditables**: debe existir una posibilidad de contrastarlas manualmente, por observación directa o a través de información suministrada por clientes.

3.3 Pivotar

Pivotar consiste en establecer una corrección de la estrategia seguida con el producto, para comprobar una nueva hipótesis de su modelo de negocio o motor de crecimiento. Para pivotar es esencial que la hipótesis de partida esté perfectamente definida pues, cuando no lo está, es casi imposible reconocer que ésta ha fallado, requisito indispensable para decidir pivotar a una nueva hipótesis.

La contabilidad de la innovación favorece bastante las decisiones relacionadas con pivotar. Siguiendo un modelo tradicional basado en la perseverancia y perfeccionamiento del producto, cuanto más tiempo, dinero y energía creativa se haya invertido en una idea, más difícil resultará pivotar. De hecho, reconocer el fracaso puede conducir a una bajada de moral generalizada en el equipo. Por eso, cuando se producen éxitos tempranos y se les da demasiada difusión mediática, más difícil es pivotar.

Existen diez técnicas para pivotar:

- **Zoom-in**: lo que era solo una parte o característica del producto se convierte en el producto completo. Por ejemplo, se comenzó lanzando un restaurante y posteriormente se vio que realmente lo que tenían éxito era los cócteles que se pedían en la sobremesa, por lo que se reconvirtió a club de cócteles.

- **Zoom-out**: lo que se consideraba el producto completo pasa a constituir solo una parte de un producto más complejo. Por ejemplo, una empresa de pizzas a domicilio decidió entregar muchos más productos a domicilio, puesto que su valor diferencial era la red de repartidores.

- **Segmento de clientes**: el producto se mantiene, pero se cambia el público objetivo. Por ejemplo, una empresa que se dedicaba a llevar la contabilidad a PYMEs decidió enfocarse hacia ONGs, dado que su producto era mucho mejor aceptado por éstas, tenían mejor acceso al mercado potencial y menos competencia.

- **Necesidades del cliente**: cambia la necesidad que el producto satisface. Por ejemplo, un fabricante de toallitas desmaquilladoras de papel pronto vio que cada vez más personas las usaban como pañuelos desechables, y reenfocó el producto a esta nueva necesidad.

- **Plataforma**: se producen cambios en el modelo de producción o comercialización. Por ejemplo, un restaurante decidió quitar los camareros y convertirse en auto-servicio.

- **Arquitectura del negocio**: se pivota entre un modelo de márgenes altos y bajo volumen (modelo de sistemas complejos, más utilizado en B2B) y uno de bajo margen y alto volumen (modelo de operaciones de volumen, típico del B2C).

- **Captura de valor**: se modifica la forma en la que se obtienen ingresos por el producto. Por ejemplo, entre una tarifa fija y un modelo de pago por uso.

- **Motor de crecimiento**: se cambia entre los tres esquemas básicos, que se verán más adelante. Normalmente, lleva asociado un pivotado en la captura de valor.

- **Canal**: se cambia la forma de llevar el producto al mercado, a través de un canal de ventas o distribución diferente.

- **Tecnología**: se construye el mismo producto con una tecnología diferente.

Es necesario establecer una reunión periódica (con frecuencia mensual aproximadamente) con todos los involucrados en el proyecto, incluyendo personas de negocio (marketing y ventas), e incluso agentes externos en la medida de lo posible, para decidir si se pivota o no. En esta reunión normalmente se detecta la necesidad de pivotar por la falta de fe de los integrantes para alcanzar la meta, experimentos fallidos sistemáticamente o la sensación generalizada de que se avanza poco en los nuevos desarrollos.

Cuando se pivota, no se comienza de cero. Todo el conocimiento y experiencia adquiridos permitirán producir un nuevo MVP en tiempo récord.

Aunque no es muy frecuente, en las algunas *startups* se produce un fenómeno peligroso: ante un rotundo éxito de lanzamiento del producto, el emprendedor se olvida de los principios que han conducido a él y comienza a querer vivir *de las rentas*. Esto puede conducir a un fracaso tan radical como el éxito inicial, si no se evalúan continuamente las hipótesis iniciales y se barajan opciones de pivotar en los diferentes aspectos del nuevo producto a tiempo.

3.4 Los tres motores de crecimiento

Los motores de crecimiento deben proporcionar a la organización crecimiento sostenible. Esto quiere decir que acciones como campañas de publicidad o promociones no son motores de crecimiento pues, una vez finalizadas, el ritmo de crecimiento decrece. Y es precisamente este indicador el que hay que analizar para determinar si una compañía está creciendo como debería o no, y no otros como el incremento de la cifra de ventas o el número de clientes. El **ritmo de crecimiento compuesto** se calcula dividiendo el crecimiento del último período por el dato de crecimiento del período anterior. Si es mayor que uno, la empresa está creciendo más. Por el contrario, si es menor que uno, existe una deceleración en el crecimiento. Si es menor que cero, la compañía está decreciendo.

Los motores de crecimiento se basan en una premisa sencilla: *los nuevos clientes vienen de las acciones sobre clientes pasados*. De hecho, pueden proceder de cuatro fuentes principales:

- Boca a boca

- Efecto colateral del uso del producto (por moda, estatus…)

- Publicidad contratada, mientras el coste de adquirir un nuevo cliente sea menor que el beneficio que éste genera, y el exceso se utilice para captar más clientes

- Compra repetitiva, mediante una suscripción o compras habitualmente repetitivas (una panadería, por ejemplo)

Existen tres posibles motores de crecimiento para una *startup*:

- **Pegajoso**: se basa en establecer relaciones de largo plazo con los clientes, y éstos encontrarán mayor utilidad en el producto cuanto más tiempo lleven utilizándolo y más clientes fieles tenga la empresa. Por ejemplo, las maquinillas de afeitar o los teléfonos móviles. Este modelo consigue una tasa de retención de clientes muy alta. Quienes lo utilizan deben prestar mucha atención al ratio de bajas o abandonos. Retener clientes es mucho más importante que captar nuevos.

- **Viral**: el producto se transmite de una persona a otra en su uso normal. No es necesario que el cliente lo difunda por el boca a boca. El motor viral tiene un bucle de realimentación (el **bucle viral**), que puede cuantificarse mediante el **coeficiente viral**, que consiste en cuántos nuevos clientes se obtienen por cada cliente que compra el producto. Si el coeficiente es mayor que 1, el negocio crecerá exponencialmente. Muchos negocios virales ni siquiera cobran dinero al cliente, sino que se basan en otros modelos de ingreso, como la publicidad.

- **Pagado**: en este modelo, una empresa puede optar para crecer por aumentar lo que cobra a cada cliente o reducir lo que le cuesta conseguir un nuevo cliente. Este motor es necesario en los negocios donde no es posible aplicar ninguno de los dos anteriores. Para aplicarlo, es necesario encontrar una fórmula donde la empresa pueda dirigirse a un nicho específico de clientes potenciales y presente ventajas diferenciales con la competencia.

Es posible aplicar dos o más motores de crecimiento en una *startup* simultáneamente, aunque no es tarea fácil encontrar la forma de hacerlo y tampoco es esencial hacerlo. Lo que sí es fundamental para la supervivencia de la *startup* es conocer detalladamente las palancas de su motor de crecimiento, ya que en el momento de cambio de perfil de clientes de *early adopters* a clientes estándares, la gran cantidad de cambios a implementar irá guiada por el motor de crecimiento.

3.4.1 Ganar velocidad

Para ganar velocidad en el ciclo LEAN STARTUP es importante utilizar lotes pequeños, siguiendo la filosofía *lean manufacturing*. Procesar lotes pequeños permite identificar problemas de calidad con mayor celeridad, evitando problemas mayores al final de la cadena de producción.

Una técnica común consiste en aplicar determinados tests automáticos a lo largo del ciclo de producción, para generar alertas inmediatas si alguno de estos tests obtiene un resultado anómalo. Una **alerta** debe desencadenar la siguiente serie de acontecimientos:

- ✓ El producto defectuoso se retira inmediatamente de la cadena de producción.

- ✓ Todos los involucrados en el proceso son informados.

- ✓ Se prohíbe introducir cualquier modificación en el producto o proceso de fabricación hasta que se identifique y resuelva el incidente, para evitar enmascarar el problema con otros.

Otra premisa del método *lean manufacturing* se aplica más allá de la cadena de producción. En la distribución comercial, se busca reducir stocks en todos los puntos. En lugar de aprovisionar sobradamente cada almacén, se trabaja por **huecos**, es decir, cuando un artículo sale de un almacén, se solicita su reposición inmediatamente, trasladando el hueco al almacén suministrador, y así sucesivamente hasta terminar con una orden de fabricación de un nuevo artículo.

4 UNA NUEVA CULTURA EMPRESARIAL

Para conseguir el éxito en una *startup* es necesario aplicar las técnicas anteriormente presentadas. Tanto lanzarse al vacío sin método como implementar pesados procedimientos de análisis y cobertura de todos los riesgos posibles son formas de inclinar la balanza hacia el fracaso.

En una *startup*, cada nuevo empleado debe tener asignado un **mentor**, que le guíe en todos los procedimientos, la gestión de los cambios y su carrera profesional dentro de la empresa. En efecto, es fundamental disponer de un programa de desarrollo personal en la organización, que contenga un programa de formación sistemática y aplicada a las necesidades del puesto y del individuo. Escatimar en la calidad de estos aspectos provocará retrasos y pérdidas futuras.

La figura 3 muestra los diferentes niveles sobre los que se aplica el método LEAN STARTUP, comenzando por establecer una contabilidad de la innovación y continuando por adaptar los procesos, crear una cultura de la innovación y cambiar la mentalidad de trabajo de las personas.

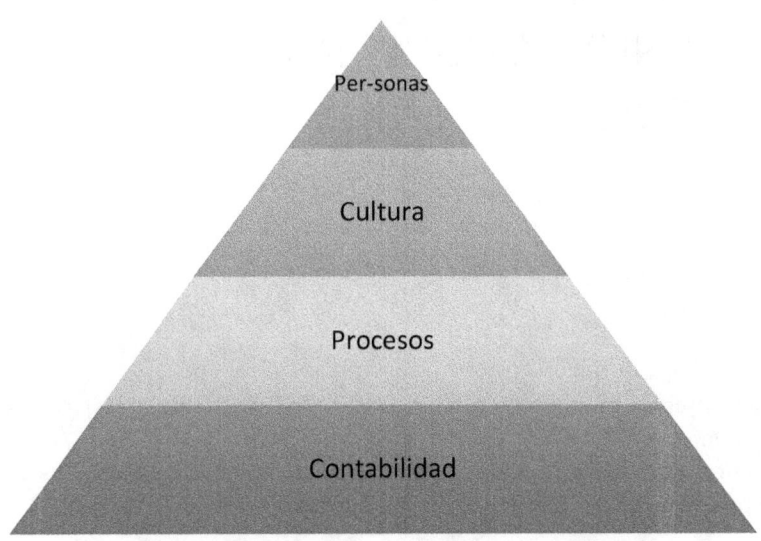

Figura 3. Niveles de actuación de LEAN STARTUP

4.1 Planificación de reuniones y comunicación interna

Es importantísimo establecer **reglas explícitas** para evitar que las reuniones se conviertan en pérdidas de tiempo y generadores de desinterés en la organización. Todas las reuniones deben ser cortas y conducir a pequeños cambios sencillos cada una. Siempre debe haber un líder, da igual qué jerarquía ocupe en la organización, que debe explicar concisamente el problema y el motivo por el que debe ser resuelto, además de guiar las intervenciones de la reunión y enviar un acta de los puntos tratados al final.

En cuanto a la comunicación interna, para conseguir la agilidad necesaria en el método LEAN STARTUP, debe haber una política de comunicación eficaz. La dirección debe trabajar fuertemente sobre ella. A continuación se presenta la técnica de los cinco porqués, válida para generar fuentes y flujos de información eficaces dentro de los equipos.

4.1.1 La técnica del los cinco porqués

La técnica de los cinco porqués sirve para ir generando una base de conocimiento en la organización y atajar problemas actuales que podrían tener consecuencias graves en el futuro. Consiste en preguntar **cinco veces** por las causas de un problema, hasta llegar a la raíz verdadera del problema. Normalmente, todas las causas suelen entonces desplazarse de problemas técnicos a **problemas humanos**. Por ejemplo, una máquina se ha detenido. *¿Por qué (1)?* Porque hubo una sobrecarga y se fundió el fusible. *¿Por qué (2)?* Porque no estaba suficientemente lubricada. *¿Por qué (3)?* Porque la bomba de lubricante llevaba tiempo lubricando menos de lo necesario. *¿Por qué (4)?* Porque se le había gastado la zapatilla y nadie la reponía. *¿Por qué (5)?* Porque el técnico que lo hacía se fue de la empresa y nadie se encargó de ello. Comprobamos pues, que la raíz del problema es una falta de transmisión de conocimientos y funciones del puesto cuando un empleado abandona la empresa, y no un problema técnico puntual.

Normalmente, cuanto más se avanza en la cadena de porqués, más costosa y difícil es la forma de resolver el problema asociado. Por eso, muchas veces resulta más sencillo resolver el primer porqué y no continuar preguntando. Sin embargo, a la larga, el coste de todos los problemas que irán surgiendo por no resolver el problema raíz será mayor.

La técnica de los cinco porqués sirve además como un **auto-regulador de velocidad** para la empresa, pues se frenan los procesos cuando surgen problemas serios y se acelera de nuevo cuando todo funciona correctamente.

5 IMPLANTANDO LEAN STARTUP

En una *startup* es importante empezar por lo pequeño. Cuanto mayor es el reto, mayor es la presión. El primer reto para el emprendedor es construir una organización capaz de testar todas las asunciones de manera sistemática. El segundo, ser riguroso en su evaluación, sin perder de vista la visión global de la organización.

Es muy importante para una *startup* conservar la **agilidad** y ser una empresa **adaptativa**. Esto se consigue mediante cuatro políticas de la dirección:

- **Equipos pequeños**, donde cada miembro tenga un rol diferente al de los demás

- **Ciclos cortos** en los procesos

- **Realimentación del cliente** muy rápida

- **Apoyar** y fomentar que los equipos tomen decisiones rápidas y arriesgadas

La ventaja de una *startup* es que no tiene historia, pues es difícil aplicar estos cambios culturales en las empresas con larga trayectoria en el mercado.

5.1 Cultura de innovación

El éxito de una empresa está fuertemente vinculado a la innovación. En una *startup*, la innovación es parte esencial del corazón del negocio. Sin embargo, Christensen pone de relieve un fenómeno denominado *el dilema del innovador*: estas organizaciones son muy buenas produciendo mejoras **incrementales** a los productos existentes y sirviendo necesidades de los clientes actuales, lo que se denomina innovación sostenida, pero no suelen tener éxito en la **innovación disruptiva**, es decir, crear productos rompedores para atraer nuevos tipos de clientes, que le permitan continuar creciendo a un ritmo alto en el largo plazo, de manera sostenida.

Una buena manera de conseguir el crecimiento sostenido mediante la innovación disruptiva es crear una **factoría de innovación** dentro de la organización, que utilice las técnicas LEAN STARTUP continuamente. Es necesario que la dirección de la empresa apoye a los equipos de innovación y les proporcione los tres elementos fundamentales siguientes:

- **Recursos escasos** pero garantizados

- **Independencia y autoridad** para desarrollar el proyecto

- **Participación personal en los resultados**, preferiblemente mediante opciones de compra sobre acciones de la empresa u otro método vinculado a resultados a largo plazo.

Es importante también reconocer de quién ha sido la idea emprendedora y recompensarle si la idea tiene éxito. En este sentido, las políticas deben ser muy claras y no depender de autorizaciones o decisiones de la dirección. Los **emprendedores** son escasos y, una vez identificados, hay que atraerlos y retenerlos. Las grandes ideas dan grandes beneficios a las empresas.

Mediante la combinación, y solo la combinación, de un gran emprendedor y la aplicación del método LEAN STARTUP, el éxito está garantizado. Citando a Peter Drucker: *no hay nada más inútil que hacer con gran eficiencia lo que no debería de hacerse nunca.*

BIBLIOGRAFÍA

- Eric Ries. *The Lean Startup: How Today's Entrepreneurs Use Continuous Innovation to Create Radically Successful Businesses.* Crown Publish. 2011. ISBN 978-0-307-88791-7.

- Roush, Wade. Eric Ries. *The Face of the Lean Startup Movement, on How a Once-Insane Idea Went Mainstream.* Xconomy. July 6, 2011.

- *The Lean Startup TESS Search.* US Patent and Trademark Office. September 6, 2011.

- Penenberg, A., Eric Ries *Is A Lean Startup Machine A Fast Company.* September 8, 2011.

- Adler,C. *Ideas Are Overrated: Startup Guru Eric Ries' Radical New Theory.* Wired. August 30, 2011.

- Loizos, C. *Lean Startup evangelist Eric Ries is just getting started.* Reuters. May 26, 2011.

- *What is Lean Manufacturing?* wiseGEEK.

- *Creating the Lean Startup.* Inc. Magazine. October 2011.

- *The lean startup. Startup Lessons Learned.* September 8, 2008.

- Tam, P. *Philosophy Helps Start-Ups Move Faster.* The Wall Street Journal. May 20, 2010.

- Ries, Eric. *Are You Building The Right Product?* TechCrunch. September 11, 2011.

- Schonfeld, Erick. *Don't Be Fooled By Vanity Metrics.* Tech Crunch. July 30, 2011.

- Butcher, Mike. *Interview with Eric Ries, author of The Lean Startup.* January 17, 2012.

- The Lean Startup Official Website: http://theleanstartup.com

- Lean Startup Meetups: http://lean-startup.meetup.com

- The Lean Startup Wiki: http://leanstartup.pbworks.com

ANTONIO L. FLORES

ANTONIO L. FLORES

www.ingramcontent.com/pod-product-compliance
Lightning Source LLC
Chambersburg PA
CBHW070420190526
45169CB00003B/1346